Ruta de Amor

Poemas

Beatriz Valerio
www.beatrizvalerio.com.ar

Valerio, Beatriz
Ruta de amor / Beatriz Valerio ; editado por Gladys Viviana Landaburo. - 1a ed . - Cosquín : Del Alma Editores, 2017.
64 p. ; 21 x 14 cm.

ISBN 978-987-3907-97-5

1. Poesía. I. Landaburo, Gladys Viviana, ed. II. Título.
CDD A861

Fecha de catalogación: 06/06/2017

Diseño de Tapa:
Gladys Viviana Landaburo

Reservados todos los derechos incluido el de traducción a otros idiomas. Sólo se permite la reproducción con la autorización de la autora.

Copyright ©2017 por Angélica B. Martinez

IMPRESO EN ARGENTINA
Hecho el depósito que marca la ley 11723

Prólogo

Viajera de experiencias y de deseos. Urbana y real. Mira y vive el mundo a través de imágenes-letras. Territorios contiguos inseparables, dada la multiplicidad de sus segmentos artísticos. Nada pasa por el recuerdo, nada pasa por el futuro, solo por su andar. La poeta dice en voz baja los sentimientos solamente audibles para el amado y los lectores. Es el amor la línea de sensual en su escritura. Por eso, tal vez para Beatriz Valerio, Empacho de Amor es un grito con todo el cuerpo. Cierto erotismo recorre el texto de mujer. La pasión, la sensualidad, el calor se encarnan en cada línea. Surgen en los mínimos trazos hasta el punto de transmutar el papel en piel tibia. Existe una llamada en los poemas: Tatúame, Encuentro, Sedienta, entre otros . Nuestra respuesta sería saborearla. Fresca. Como una manzana recién arrancada del árbol.

Maria Elena Sancho

ACARICIAR TUS PENSAMIENTOS

Déjame acariciar tus pensamientos
mientras suena una canción de Arjona,
o mientras lees a la Vilariño,
y así juntos, unidos en la inmensidad,
disimulando este tremendo amor
sentimos tu latir en mi latir.

Déjame viajar con vos por los mares,
mojar los pies entre las olas,
recoger esas caracolas de atardecer,
y ponerlas en tu oído, en mi oído,
soñar, soñar, soñar de a dos,
dos locos testarudos amándose.

Déjame acariciar tus pensamientos
mientras el agua de la ducha cae,
recorriendo tu espalda, ligera,
resbalando entre tus piernas
y quedes en mis manos adueñándose
de este salpicar salvaje del jabón.

Sin darme cuenta querido amor mío,
me fui perdiendo en tu fuego
sintiendo la llama encender mi cuerpo,
dejándome entregar en toda tu magia
lo que soy, lo que siento, mis ansias,
y sólo sueño con ese día que ancles
    tus manos en mis manos...

TATUAME AL TACTO

Juntemos tu aliento a mi aliento
unámonos a la luz bebiendo la copa,
que las ganas serpenteen montañas,
valles, praderas y llegue a ti, a mí.

Enreda en mis pelos los rayos del sol,
detenme allí, a la luz de la luna,
hazme cosquillas en mi corazón,
saboreando, despacio, lento, tu sentir.

Bésame en el centro de mi vientre,
has de mi piel un sendero de tus besos,
entra en mí y hazme sentir tu alma
arqueándome toda, quedando en mi ser.

Y allí detente, en el umbral del poseer,
apriétame fuerte, fuerte, y dime, sí,
como sólo tú sabes decirme dulce, tierno:
-Uis mi Bea que rica y bésame, bésame...

Tatuándome al tacto suave, despacio...

MÁS QUE AYER

Es tu amor quien me enloquece
me hace nacer nuevamente,
sintiendo que muero cada vez
y sigo soñando en ti, ilusionada.

Mi boca busca tus labios
mi cama quiere tu cuerpo,
uno mis noches a tus noches,
mis horas felices sólo son tuyas.

Te abrazo amor, callada,
porque sabes que cuentas conmigo,
sin tu amor no sería yo misma,
te quiero tanto, tanto...

SÉ FELIZ

Sólo quiero que seas feliz
en silencio, callado.
yo te hablo, yo te siento
mis versos van a vos.

Yo no quiero aventuras,
sólo quiero esa pasión
que me dan tus besos,
me tenés enloquecida, amor.

Es único tu sentir, clavado
en mi alma, en mi noche,
y nace siempre la libertad
entre vos y yo, como ayer.

ENCUENTRO

Ya no me invento más encuentros,
salgo a buscarte y estás ahí,
con tu boca cálida para mí,
con deseo despertando mi ansia.

Y me uno al aire en unión perfecta,
bañándome en tu aroma sagrado,
siendo mi fantasía de ojos cerrados,
y ese paseo entre aromas de a dos.

Es el aire creador que lo logra,
nos funde las almas en una,
a lo lejos, pero tan, tan cerca,
renaciendo entre agua y fuego.

Aspiro la brisa y me sacio de ti,
te abarco todo, soplando, inspirando,
y voy andando a tientas, tentada,
entre suspiros ahogados de amor.

En un encuentro sin hora ni cita,
loca extasiada, me lleno de tu calor,
mientras mi respiración, pide,
inhalando, exhalando, más, más, más...

DAME CITA

Dame cita de amantes con el placer,
esperaré con los hombros desnudos
cabellos al sol, libres, salvajes,
y la falda al viento jugueteando.

Quítame la tristeza de estos ojos,
que sólo aguardan tu mirada única,
enciende mis labios trémulos, tímidos,
con la llamarada ardiente de tus besos.

Dame cita y ven...esperaré sin prisas,
con el capullo de mis deseos abierto,
ansiosa de las caricias de tus manos
y tu boca mapeando todo mi cuerpo.

Te ofrezco el majar que colme sentidos,
bebe de mí, y sacia todo tu placer,
eres ese néctar perfecto a la pasión,
dame cita de amantes...VEN...

SEDIENTA

Estoy sedienta de tus besos
necesito tus caricias
esos mimos cálidos, dulces
tan tuyos, tan míos.

Estoy deseándote esta tarde
mi cuerpo pide tu sudor,
son mis pensamientos ardientes
clamando por tu llegada.

¡Qué placer tan grande!
Tus manos, tu boca, tu eros,
entrando y saliendo a mi pensar
quedando en el hueco extasiado.

Y me acerco a vos en versos
te busco, me buscas, estás
estoy, sí estoy para vos,
ven tómame, llévate mis alas.

HAZME EL AMOR

Bébeme con un último trago,
acaríciame con un terciopelo,
hazme sentir mujer, tu mujer,
dame tu amor en mi lecho.

Llévame hasta el cielo,
desciéndeme en suspiros,
invade cada pedazo de mi alma,
con tus manos, tu lengua.

Humedéceme de placer,
del sudor de la desnudez,
mójame desde pies a cabeza,
empápame en tus ansias.

Atrápame entre tus garras
de hombre fuerte, viril,
te necesito tanto corazón,
hazme el amor esta noche.

ECO DE TU VOZ

Te miro ahí, delante de mí,
sigo pensando, imaginándote,
tus ojos asustados, semicerrados,
y un latir acelerado.

Hoy te he reencontrado,
has hecho de mí esa niña huidiza,
esa enamorada silenciosa,
surgiendo en la inmensidad.

Sigo sorprendida, tanto o más
que la sorpresa que te he dado.
Escuché tu voz, con miedos,
con los mismos que tengo yo.

¡Qué emoción tan grande!
Sos ese hombre niño
que todo mi aprecio, mi amor,
ha ido ganando en este tiempo.

Alegras mi vida, colmas mi alma,
así como me enfadas, me entristeces,
sos esa luz que me va iluminando
hoy esa voz que hace eco en mí.

ILLUSIÓN

J'ai cru voir une étoile
Dans un ciel immobile
Chargé d'envies fébriles
De déchirer le voile

J'ai cru voir un présent
Pas celui qui nous couche
Mais celui que l'on touche
Du bout du sentiment

J'ai cru tout simplement
Sans aucune promesse
Que l'enfer des caresses
Ferait rougir mon sang

J'ai cru que tout détruire
Ferait tout oublier
Mais l'oubli n'est jamais
Que le début du pire

Alors mon cœur s'emballe
Et en comptant ses coups
Je regrette le jour où
J'ai cru voir une étoile

INFIERNO

He tocado el infierno
me he quemado con tu ardor,
has colmado mis deseos,
has volcado mis ilusiones.

¿Por qué? Si lo nuestro
era firme, nuestro, sí,
se ha roto el encanto
apenas en segundos.

No hay magia que me acerque
no hay palabra que me atrape,
vacío, sólo vacío, desilusión
y un gran dolor de no ser.

No era amor, no era pasión
¿Tan así lo hemos perdido?
Pues sí, yo soy muy Bea
no imploraré por tu vuelta.

ME LLAMAS

Me llamas sin palabras,
me llamas en un pensar,
me llamas en un sonido,
en el caer de una hoja.

Atrapas mis pensamientos
vivo pensando en vos,
te siento en cada verso,
te huelo en cada aroma.

Entre suspiros y ayeres,
vas caminando junto a mí,
el tiempo se ha detenido,
sólo vos y yo, nadie más.

Tu silencio me mira y llama
me dice mil cosas, me besa,
me acaricia, me sujeta , sí
me sujeta a tu alma, siempre.

Y te descubro haciéndome tuya,
en ese estar callado iluminado,
y me dejo llevar, me sientes,
te siento...Y me rindo a tus manos.

Y LLEGO

Ha llegado el día
de la mirada soñada
de los labios mojados
de los brazos tendidos.

Hoy háblame de amor,
llegó el día, sí.
Es el momento exacto,
buscado, esperado.

Dime que me amas,
dime que soy tu vida,
dime lo que callas,
en tantos días, meses.

Yo no temo, no temas,
no renuncio a un amigo,
no abdico en la mentira
es mi corazón tu aspiración.

Y estoy aquí a cielo abierto
entre los jardines del mar
y el eco de las montañas
en una hoja blanca de papel.

Llegó el día
hoy el mundo es
por primera y última vez
sólo de los dos.

UNE MARGUERITE VIOLETTE

Aujourd'hui que tu n'es pas ici,
je sèmerai mon sourire,
pour quand tu reviens et tu ailles mon rire.
Je sèmerai des mots pour quand tu tourneras
et tu liras mes vers en amour.

Je te donne mes grimaces,
dans une paix, une consolation,
je te dessine l'arc-en-ciel, je le peint,
et je te forme un paradis,
parce que tu es ce monde join au mien.

Nous nous regardons comme vrais hommes,
nous avons le tendre coeur pacifique,
je laisse mes pensées et cette fleur,
une marguerite violette pour ta joie
et je laisse ces vers por notre paix.

NO DURA NADA

!Qué poco dura la felicidad!
Nada, no dura nada.
Hoy el amor se esfumó,
dónde están tus caricias,
dónde ese beso que espero,
dónde tus manos deseadas.

Esperar la noche, nuestra noche,
un tiempo en vano, iluso,
y vos así, silencioso, terco,
vaya a saber por qué razón.
No, hoy no te siento,
no me haces vibrar, suspirar.

Son mis llantos de tristeza,
ni siquiera jugaré al verso,
son mis sentimientos caídos
mi sexo apagado, mi luz, oscura,
no, hoy no te siento.
Doy, doy y más y vos, qué me das?

Y sabés, lo sabés que SOLO
espero por vos, que no hay más ser
que calme mi ansiedad que vos,
pero también necesito
sentirme querida,
y estás lejano, frío, ido...

REGALO

Hoy te regalo mi amor infinito,
en este 28 de diciembre,
hago rito de mi pasión por ti,
así no queda duda de mi devoción.

Es mi ritual de seducción,
empiezo a recorrerte lentamente,
con manos ansiosas de tu piel
perdida en embrujo de tus ojos.

Me impulsa esas ganas de ser,
de ser en ti, uno en dos,
de ser ímpetu de amante,
garra de entrega enardecida.

Me faltan horas, me falta tiempo,
todo es poco a tu lado, nada,
te saboreo, me entrego, gimo,
porque eres mi mejor elección.

RESPUESTA

Quisiera responderte
que suelto mis manos
a la deriva por tu cuerpo,
olvidando desamores, amores,
llegando radiante, clara,
envuelta en color del cielo
porque tu amor,
me ha purificado, anclado,
me dió esa dosis inocente
de mujer y ángel.

Quisiera proponerte
que cierres tus ojos
dejes mi boca naufragar
en tu cuello, en tu torso
huelas la fragancia del alma,
asociando a mi voz bendita
y juguemos tu juego que turba
en la oscuridad de dos
piel con piel,
corazón con corazón.

Quisiera que desees,
que el paraíso de amantes,
sea tú y yo, embriagados,
de deseos, de fuegos,
lanzándote al abismo
del éxtasis infinito
entre sombras blancas
entre ángeles celestes
entre mis latidos, los tuyos
despertando del encantamiento.

Y al despertar quede
ese gusto de la mujer poeta,

que llegó a tus versos,
enamorada, ilusionada.
Es lo que quisiera...
traerte a mis pensamientos
entre espumas de blancura
para amarte, para sentirte
llegar al cielo extasiada
y que las señales queden.

TE PERDONO

Llegar a vos
como sé llegar, así
sensual y en versos.
Decirte firmemente
sos mi único dueño,
sos mi pasión escondida.

Planear esa mirada,
única. intensa, tuya,
hasta saciarte de placer.
Hasta colmarte
de dicha, gozo, deseos,
sólo así como me moldeaste.

Frente a frente
ojos con ojos, labios apenas,
decirte, te perdono sí hoy sí.
Y marchar sin irme,
porque sé que voy en vos,
porque sólo vos vas en mí.

El amor perdona toda injusticia
pero hiere, las heridas siguen,
y no hay ilusión, palabra,
que pueda cerrarlas,
pero me empuja tu estar,
ese silencio arrepentido...

TRAICIÓN

A pesar de la traición
te quiero, sí, te quiero,
lo digo, lo siento, lo escribo,
te quiero, te quiero, te quiero.

Pero estoy desilusionada,
me han llevado tu cariño,
me han llevado mi ilusión,
se han marchitado mis palabras.

Quiero no pensarte,
quiero olvidar tu nombre,
cuan difícil es, está tan dentro,
te sueño aún en la desilusión.

Estoy ahogada en la tristeza,
se ha quebrado mi sueño,
roto en mil pedazos,
estoy confundida y malherida.

Intacto mi sentimiento,
sigue allí puro pero herido,
pasan lentamente las horas
que más me siguen castigando.

No son mis mejores versos,
ni mi sensualidad,
pero soy lo que has hecho de mí,
y tal vez con dos palabras...
    devuelvas mi ilusión.

TUYA

Me rindo a tus manos,
así, perdida en suspiros,
en intensos gemidos,
recórreme como tú sabes.

Y me vuelvo desenfreno,
y no me digas que me frenas,
soy la misma lujuria,
derroche de mil pasiones.

No tengo más dueño
que tus manos, tu corazón,
es mi sensualidad toda,
la que enciendes con un sí.

Y soy tuya, nada más, TUYA,
la que vibra a tu rozar,
la que sueña, la que te ama,
así libremente SOLO tuya.

VICIOSA

Extenderme en la arena
recibir tus caricias, tus besos
extasiarme en tu sudor
es mi mayor placer y gozo.

Sos especial, conoces mi lunar
el tatuaje exacto en mi piel.
Sos mi escribir, mi amante,
mi soñar, mi confidente.

Y son tus manos mi vicio
esos dedos deslizándose en mí,
desde vientre hasta los piés,
y esas boca que me revoluciona.

Revolución de hormonas me produces
me mojas toda, me humedeces.
Sos mi ilusión, mi sueño, mi sexo,
te deseo hoy tanto como ayer.

       Sos mi mejor vicio...

ME TRAICIONASTE

¡Qué días tan duros!
Una desilusión que se cae,
me siento dolida, derribada,
una puñalada al corazón,
mi latir apenas suena.
Soy esa mujer traicionada,
sólo siento tu fraude,
me has engañado vilmente,
y con la mujer más dañina,
la que ha jugado conmigo,
ha lastimado mi dignidad,
la que ha pisado mi paciencia,

¡Cuánto dolor siento!
No hay risa en mi rostro,
sólo son lágrimas y desamor,
sobreviviré sin vos, sí, podré.
Tanto amor, tanta alma regalada,
y me das la peor traición
que un hombre puede dar a una mujer,
hoy soy solo pena, solo tristeza
lo que creía tu amor era solo ficción,
lo que creía tu lealtad era un utopía,
todo se ha roto, todo se ha perdido.

Yo aún te siento, te tengo dentro,
pero estoy desilusionada, herida,
mi orgullo lucha por decirte Amor,
estoy quebrada, quebraron mis versos,
lo notas, pero voy defraudada,
te veo con ella y mi alma se parte,
no puedo corresponderte en el dolor,
en el sentirme traicionada mal,
siento un nudo en mi garganta,
estoy herida sin razón alguna.

Has cambiado todos mis sentimientos
por la mujer que más odio me tiene.

CANTAS EN MÍ

Cantas en mis sueños,
te dibujo en mi cabeza.
Tus brazos flotan al viento,
y yo allí reposo.

Oso silencioso
escribo hoy para ti.
manos cerradas,
mirando al cielo,
pongo mis esperanzas
entre tus versos.

Esta mañana he sonreído
combatiendo el destino.
Esta tarde sigo feliz,
porque vengo a tu encuentro.

HUYEN MIEDOS

Quiero escapar a un sueño,
ilusionarme en un sentir,
que vengan caricias suaves,
un consuelo a mi escribir.

Me dejo llevar a una esperanza,
me dejo envolver en la magia toda
que me dan tantas palabras bellas,
y te llamo así en un susurro, MAGO.

Vuela mi voz a tus sentidos,
despierto en tu confidencia,
es tu confianza mi viaje,
unir mis versos a tu alegría.

Mis miedos van huyendo,
llego confiada a tus manos,
es tu mirada mi ilusión,
voy fascinada a este empezar.

VESTIDO NUEVO

Te esperé sentada
en medio de la nada
una balada de Sabina
sonaba y sonaba.

Un vestido arrugado,
los zapatos abandonados
y las manos, mis manos,
mojadas de lágrimas.

A medianoche se apagó
la música y la luz.
Me marché despacio
silenciosa, pensándote.

Te olvidaste pronto
de mis tacones altos
de mi vestido nuevo
te esperé, no llegaste.

TUS SILENCIOS

Vengo a escuchar tus silencios
a tomarte de las manos
recitarte mil versos dulces
a pintarte un cielo azul claro.

Vengo a verte de nuevo
envolverme en tus abrazos
y guardar un beso tibio
para mi ida a la otra orilla.

Hoy no estás, ya no estás
queda un roce de tu perfume
un instante de un loviu,
robado, un momento, nuestro.

FIRMAMENTO

¡Ay! Si existiera un paraíso
de versos, de palabras,
de sueños, de ilusiones,
vos serías mi guardián.

¡Ay! Si la simplicidad
fuese el amor, la confianza,
mis gestos, mi locura
sería sólo para vos.

Dar, darme, darse, entera.
En miradas cómplices,
sin juntar con el tiempo,
sin condiciones, libre.

¡Ay! Si mi alma herida
se uniera a la tuya
vibrando en poemas,
en lazos empáticos, fieles.

La vida que no nos une,
las alas que no se despliegan
en diferentes cielos.¡Ay!
Pero sé...que el firmamento une.
    NOS UNE

NOCHE

Desde la noche inalcanzable
tan inmensa que asusta
te rezo, pido, oro,
aquella oración leída
de Poldy Bird o la Vilariño.
Una oración al amor, al te quiero.

Y las hago mías sólo para ti.

Y rezo por mí, por este deseo,
intocable, silencioso, decente,
que seas capaz de comprenderlo
a ese mi espacio, mi mundo,
letras de blanco y negro
algunos puntos, comas, sueños

MARCA

Llevo la marca
de tus pensamientos
de tu fuego ardiendo
de tu vuelo en cuerpo
de tu grito ahogado.

Llevo la caricia
de tus manos
en una danza de almas
en un color de abrazos
en un abrir de labios.

Y tiemblo. Y espero
deshaciéndome en ti
agotada, extasiada
que llegues, me abraces,
me poseas, al fin.

AL HOMBRE
    que no es oso

"...es tan corto el amor
y es tan largo el olvido... "
    Pablo Neruda

Quiero hablarte de sueños,
quiero descubrir mis misterios,
quiero alumbrar tus versos,
y ver el sol de los amantes,
redondo, inmenso, encantador,
y me meto en ese instante tierno,
elevo un brindis por ti, por mi,
lleno de dulce esperanza
y revoloteo cerca de tu muro.
Tengo los mimos gastados,
unos suspiros ya viejos,
pero tengo deseos de ser en ti.
Quiero acariciarte en letras,
darte un banquete de aquellos,
y entregarme en suaves palabras,
a tus pies en esta noche,
entregarte mi cesta de flores
y la quebrada llave de mi corazón.

MÁS ALLA

Más allá de la piel
más allá de lo corpóreo
vibra sudoroso
un orgasmo de dos.

Es nuestro cántaro silencioso
es el jadeo de nuestras bocas
es el rociar candente
de una jarra de cristal.

Entre mil parejas agobiadas
va nuestra unión eterna
celestial, pura, casta,
floreciendo cual kamasutra.

Más allá de lo tangible
y más allá de los sueños
hombre y mujer sin religión,
sin edad, sin credos...

van, viene, quedan, libres.

LABIOS

El roce de tus labios me despierta
tan tuya como tan única, mujer.
Con salvaje gemido te digo bajo
¡Soy tu carne! ¡Soy tuya!

Soy fruta sabrosa y dulce
amante de brasa oculta
tenue roce que vuelve fuego
tu boca, tus manos, tu ser.

Tendida para ti, húmeda, extasiada
espero verte florecer en mi cádiz
oliendo a nardos y a miel
recibiendo esa llamarada que me das.

GANAS MI SENTIR

Ejército de mi ser,
guerrero de mi alma,
conquistador de mi cuerpo,
te contemplo ganador.

Has ganado mi sentir,
alegrado mis tristezas.
Cuando mi ser se anegó,
tú has quitado el agua.

Río, y vas en silencio,
lloro y apareces tú,
haces mi sobrevivir,
versos sin angustias.

Valiente hombre,
luchador, peleador,
hoy me dibujo seducida,
y dejo estos versos, a ti.

NUNCA DUDES

Acerca tu corazón,
trae tu alma a mi alma
escucha latido tras latido.
Mis manos no piden,
no florecen sueños solos,
eres tú quién trae gloria.

Haces que sea flor
abriéndose al viento
genuina, colorida, bella.
Asoma el sol radiante,
sosteniendo mi ser frágil
limitando sentidos y versos.

Podría recitarte la Belli,
un Neruda, un Becquer,
no, te doy versos simples,
sencillos, me doy toda yo,
en perfume, en calor,
en delirios, en ilusiones.

Nunca dudes, sin miedos,
acércate, y susurrándote,
te respondo. Allí donde
sólo tú y yo escuchemos.
Sin rencores, sin dolores,
alma, intacta... corazón.

ÚNICO DUEÑO

Todos mis sueños
tienen un único dueño
son mis palabras dulces
deshaciéndose en sus manos.

No imaginarás nunca
mi mirada perdida
perdiéndose en tus labios
en una sonrisa callada.

Ni sospecharás siquiera
cuánto grito tu nombre
no sabrás nunca, no...
que por ti muero cada día.

A DIEZ CENTIMETROS

Me animaré a re-escribirte
qué será de mí, de ti,
estando a diez centímetros
si reparas en mis letras.

Es tan corta la distancia
el silencio de los puntos
la huída de las comas
eres mi grito asfixiado.

En exactamente tres frases
diré que te escribo a ti
perdida en tus recuerdos
en el silencio que se esfuma.

DESTINO

A nadie le importa si estoy triste
si lloro, si río, si sueño.
A nadie le ejercito el corazón,
y ya no desespero por ello.

He unido mis versos a un destino,
mejorando el tiempo, el deseo,
me dejo que el viento cubra,
que el sol acaricie suavemente.

Encuentro en lo cotidiano amor,
pero tengo el corazón tan cerrado
que ni sé ya como se abrirá
ni cómo sigue palpitando en mí.

Si el tiempo te trajera a mi lado,
si mi soledad se juntara a la tuya,
dejaría que busques esa llave
que abra mi sentir, mi soñar.

DESPERTAR JUNTO A TI

Es tan larga la noche,
sin sueños ni calma,
la distancia tan grande.
Quiero pausa en mi alma,
escuchar los sonidos,
el canto del grillo,
la sirena lejana,
quiero alejar mi ser.

Alejarme a lo eterno,
aunque efímera razone,
que se vayan fantasmas,
que danzan mi pensar.
Llamar a la locura
y perderme en un decir
te quiero, te amo,
como aleteos de aves.

Un instante, sólo uno,
un silencio, único,
que el aire huela
que el calor cobije,
sentir intensa pasión,
estallar enamorada
y despertar de pronto
junto a ti, corazón.

CALMA PASAJERA

La brisa de la tarde predispone
a la desnudez compartida, prodigiosa
La llama que acerca, atrae
a manos que juegan, inquietas.

El paisaje acompasa los cuerpos
domina el día, atrae la noche
no hay evocaciones ni oraciones
son dos mundos que gimen en uno.

La hora va quitando velos apenas,
desvistiendo alma, trayendo sudores,
confrontando un cuerpo al otro
en el sentimiento del paraíso.

FÓSFORO DE LOS DESEOS

Das el sabor, el gozo, la alegría
eres esa cosa bella en mi existir
no necesito versos ni ensayos
necesito un morder fruto sagrado.

Te vuelves carne, besos, miel
mientras mis piernas tiemblan
entre los trebolares ardientes
cubres mi corazón de sorpresas.

Te busco entre mis brazos,
te encuentro pegado a mi regazo
como ese fósforo que enciende
mis deseos, mi sangre, mi ser.

TE CUENTO

Y te cuento en versos,
expresándote que siento,
esto que vivo, vibro,
con palabras inexactas.

Es la canción del encanto
del te quiero no dicho,
del beso lento, la fantasía,
los deseos, los sueños.

Ven...déjame contarte
entre caricias, sin prisas,
la necesidad de tu boca
del aire de tu aliento.

Y vuelo pensando en ti
esperándote, corazón,
porque eres mi verso eterno
mi temblar, mi emoción.

TE AMO

Te amo sin presuras,
allá a la distancia,
porque lejos bebo,
porque lejos siento,
porque lejos tomo,
lo traigo a mi jardín
recubierto de esperanza.

Te amo sin fronteras,
allá a la distancia,
no es largo el camino,
corto es el sendero
que me lleva a tu mano
como esa niña loca
que vos inventás en mí.

Te amo sin locuras,
no desando caminos,
me cuelgo de tu cuello,
con la fé de una poeta,
con el alma de mujer,
con el corazón de Bea,
y te lo digo, poeta...

así, TE AMO.

HAY CORAZON

Me miro en tus ojos
en la verde hoja,
me sueño en tus labios,
en la gota de lluvia.

No hay olvidos,
hay distancias,
hay un hasta pronto,
no hay adiós.

No hay frío, ni calor,
hay corazón, hay amor.
Ese deseo de estar,
es mi deseo de ser.

Una caricia, una mirada,
un abrazo, un beso,
una nostalgia, un alma,
es tuya y no se desvanece.

Aunque no creas, importa,
sí, vale un cosquilleo,
vale una emoción,
un nudo en la garganta.

Claro, no es lo mismo,
un verso, que unos versos,
de boca ausente, o vacía
que de la plena con sonrisa.
No hay victoria, no hay adiós,
no hay olvido, hay silencio,
hay dudas, hay tristezas,
en este viaje que no nos une

BODA DEL SENTIMIENTO

Este amanecer fuimos
nubes y cielo
viento y marea
hombre y mujer
unidos por el alma.

Eres
el néctar de mis versos
el sol de mis ilusiones
el polen de mi sudor
mi Centurión, mi imperio santo.

Soy
la rama que llega a ti
el nido de pájaros silvestres
la pócima afrodisíaca
el embrujo de todos tus sueños.

Este amanecer fuimos
hombre y mujer; alma y vivir
fuimos
la boda del sentimiento.

TU BEA

El Bea que amanece en tus labios
es el mensaje más maravilloso
que pueda yo contar.

El Bea me purifica, me calma,
es el sonido más fantástico
que pueda yo escribir.

Sos tan único, tan brillante,
como el brillo de mis ojos,
cuando te acercas a mis versos.

Sos tan, tan, tan no sé qué
no lo digo, te impacientas,
sí... lo digo, tan mío.

AVENTURA

Sueño avanzar y no detenerme
que sea mi andar un camino,
perfecto, apacible, sentido,
llegar a ti sin tropiezos.

Son sueños de manos tendidas
de imposibles, de invencible,
enlazadas en un juego único
o tal vez entre palabras dulces.

Voy con una sonrisa, sin dudas,
a dar, a triunfar sin barreras
esperar tu luz, tus estrellas
y levantar la vela del soñar.

Mi corazón es de cristal, dócil,
es mi tesoro ofrecido, oculto,
la dicha, el gozo, el placer,
son mi gran alimento, el vivir.

Vivo cada momento, sin ayeres
ni mañanas, sonrío al adiós,
quiero sueños, quiero ilusión
deseos de ser tu juego aventura.

TE DESEO

Ni Arjona succiona tal pasión
mientras mi boca busca la tuya
lamiendo labio a labio, todo,
abrazando tus hombros cálidos.

Incrustas tus manos en mis caderas
acoplándose a mi lívido, a mi morbo,
resuena tu "te deseo" en mis oídos
produciéndose el éxtasis ansiado.

Son dos almas escapadas del cuerpo
enlazadas, anudadas en sentimiento
son las venas, tu vena, mi vena
en orgía, en lujuria del deseo.

DAME RESPUESTAS

Anudemos el destino
recojamos el vacío
aquietemos el ayer
seamos viento y luna.

Sigue mis destellos
abro mi rayo en ti,
piérdete en delirios
en ráfagas de placer.

Dame tu brisa fresca
enhebrada en sueños
un despertar dulce
suspéndeme de tu alma.

Alumbraré las noches
de tu idas y venidas
buscando como el Google
respuestas, tus respuestas.

AMOR INMENSO

No me cansaré nunca de adorarte
junto adentro todas las emociones
olvidando oscuras imperfecciones
no quedaré minuto sin pensarte.

cielo, es tan grande, tan inmenso este amarte
que soy valiente y voy sin ambiciones
implorando tus insignes perfecciones
aunque te pierda voy yo a quererte.

Quiero escalar tu corazón
gustar de tu boca toda gracia
gemir la elegancia de tu rima.

Hacerte perder la razón
ni este soneto vulgar me silencia
te doy amor, pasión, versos, carisma.

AMARRADA

Mantener el ser en la máxima tortura,
mantener el alma amarrada a tu ancla.
Arder sin que se termine el fuego,
arder sin provocar el incendio.

Encrucijar fugazmente las alas,
encrucijar libremente el sosiego,
ceder y brindar sin darse jamás
ceder moderando el ímpetu de andar.

Y dejar al final un gusto azucarado,
y dejar al final una sed insaciable,
paciente necesidad de saciar el dar,
paciente inquietud casi sin descanso.

ALMA ARDIENTE

Caballero de la rosa roja
canto de mi sonrisa leve
armo tu recuerdo azul
entre mis libros de poemas.

Almas inmortales que sueñan,
corazón en calma sin dudas,
no escondo mi armadura,
cuento la historia toda.

Eres tú mi hombre medieval,
el que ha robado mi corazón
y no somos nadie es verdad,
somos ángeles en la nada.

Pero, caballero oscuro,
tanto, tanto de amo, ardiente,
que dejo coraza, espada, cruz,
por ser tu único juego...

...sin más Jazmín, única osa.

AGUAMIEL

Bebida de dioses,
bebida embriagante,
aguamiel caprichosa,
rebosante de hambruna
sabor que refresca.

Néctar de mis labios,
vivencia de la sed,
chocolate caliente,
irresistible a mi ser,
tiembla en el salve.

Grito ahogado
de agua que corre.
Silencio endulzante,
baños de humedad,
derroche exquisito,
derrame sensual.

Dimensión de mi locura.

ALUMBRAS MIS SUEÑOS

Alumbras los sueños
cual una estrella.
Das ese perfume de amor
cual una flor.
Depositas los colores
cual una mariposa.

Para que mis sueños
borren mis dolores,
dejas tus versos
me das tu ser.
Alma de sueños
adorado poeta,
la amistad quema
entre nosotros.

Hoy no podré olvidar
este calor que me das.
El viento del ayer
sopla sobre las brazas
que el tiempo perduró
desde que te conocí.

TINTA

Había tatuado mi piel
con la tinta del corazón.
La tinta que me hacía sonreír
y encontrar la felicidad.

Hoy, mis lágrimas
han sido tantas,
cual una lluvia,
que el tatuaje huyó.
Había tatuado mi corazón
con tinta del amor.

La tinta de la pasión
que rima con emoción.
Hoy, he llorado tanto
que el tatuaje se borró.
Había tatuado mi cara
con la tinta del placer,
la tinta que nos da sonrisas.

Hoy, bajo las lágrimas,
tanto me he borrado
que el tatuaje desapareció.
Había tatuado mi destino
con la tinta de la vida.

La tinta que me hacía decir sí.
Hoy, he sido tan herida
que el tatuaje huyó.

BALSAMO DE DESEOS

Eres mi bálsamo de deseos,
calientas mis heladas noches,
humedeces mis versos de pasión.

Sólo tus manos y tus besos,
guían mis poemas, mi poesía,
amparada de las sombrías luces.

Puedes navegar por horas,
murmurando apenas palabras,
eres mi transparente ilusión.

Desnudo el alma, y el cuerpo,
nos une Consolatta o Leticia,
hirviendo frente a frente.

Somos desenfreno, la lujuria,
es mi voz en tu voz, yo en ti,
somos sexo en soledad de dos.

UNIDAS A LOS SENTIDOS

Cinco palabras, unidas a los sentidos,
entre manos y besos seguimos el viaje.
Vida, pasión, deseos, ilusión y amor
se fusionan, se enlazan, se trenzan,
entre sueños y realidades de versos.
Mis palabras se tiñen de amor,
se cubren de deseos y explotan,
para ti...
poeta.

Cinco palabras, pensadas en mil,
desear ser tu inspiración hoy,
entre pensamientos e ilusiones,
que brillen, que muestren el sentir.
Mis versos van fundidos a mi alma,
ligados a un poema de palabras,
para ti...
poeta.

Cinco palabras cubiertas de dicha,
alegría, color, olor, paz y fantasía,
dejo en mis versos a tus poemas,
para acariciarte a la distancia
sin callar que la música la eliges tú,
como siempre,
poeta.

ENREDADA EN PALABRAS

Abrazada a tus versos
quedé casi dormida,
sos mi pequeño refugio,
perdí el mundo de vista,
olvidé ruidos y santos.

Descansada en tus brazos,
ingresé a tu tierra,
sentí la alegría,
dibujé una sonrisa,
alimenté mi ilusión.

Enredada en palabras,
esas que saben de mí,
luces, brillos, crecen,
te llevas mis suspiros
cobijando aún mi alma.

Son estos mis versos
que buscan los tuyos,
con vos no hay desvelos,
caen los párpados pronto,
contándome las estrellas.

INDICE

5-PROLOGO
7-ACARICIAR TUS PENSAMIENTOS
8-TATUAME AL TACTO
9-MAS QUE AYER
10-SE FELIZ
11-ENCUENTRO
12-DAME CITA
13-SEDIENTA
14-HAZME EL AMOR
15-ECO DE TU VOZ
16-ILLUSION
17-INFIERNO
18-ME LLAMAS
19-Y LLEGO
20-UNE MARGUERITE VIOLETTE
21-NO DURA NADA
22-REGALO
23-RESPUESTA
25-TE PERDONO
26-TRAICION
27-TUYA
28-VICIOSA
29-ME TRAICIONASTE
31-CANTAS EN MI
32-HUYEN MIEDOS
33-VESTIDO NUEVO
34-TUS SILENCIOS
35-FIRMAMENTO
36-NOCHE
37-MARCA
38-AL HOMBRE
39-MAS ALLA
40-LABIOS
41-GANAS MI SENTIR
42-NUNCA DUDES
43-UNICO DUEÑO
44-A DIEZ CENTIMETROS

45-DESTINO
46-DESPERTAR JUNTO A TI
47-CALMA PASAJERA
48-FOSFORO DE LOS DESEOS
49-TE CUENTO
50-TE AMO
51-HAY CORAZON
52-BODA DEL SENTIMIENTO
53-TU BEA
54-AVENTURA
55-TE DESEO
56-DAME RESPUESTAS
57-AMOR INMENSO
58-AMARRADA
59-ALMA ARDIENTE
60-AGUAMIEL
61-ALUMBRAS MIS SUEÑOS
62-TINTA
63-BALSAMO DE DESEOS
64-UNIDAS A LOS SENTIDOS
65-ENREDADA EN PALABRAS
67-INDICE

BEATRIZ VALERIO
Beatriz Valerio, seudónimo de Angélica Beatriz Martinez Gaztañaga nació en la localidad entrerriana de Concepción del Uruguay, Argentina, el 10 de junio de 1964.
Desde 1987 reside en Campana, provincia de Buenos Aires, Argentina. Profesora de nivel secundario en Escuela Normal Superior "Dr. Eduardo Costa" y en Escuela Media n° 2 Campana, Jefa de Departamento de Lenguas Extranjeras en Escuela Normal Superior "Dr. Eduardo Costa" de Campana (hasta 1994).
Desde 1995 publicación y difusión autogestiva de libros en papel, se aboca completamente a la labor profesional literaria, participación en Congresos, Jornadas, Eventos, Talleres, Café Literarios, Ferias Internacionales.
Títulos Académicos:
Profesora para la Enseñanza Secundaria, Profesorado Escuela Normal Superior Mariano Moreno, Concepción del Uruguay ER(1986)
Profesora con especialización en Francés, Literatura, Historia y Filosofía francesa, Profesorado Escuela Normal Superior Mariano Moreno, Concepción del Uruguay ER (1986)
Metodología de las Lenguas en Universidad Nacional de Entre Ríos de Concepción del Uruguay, ER(1985)
Formación de asesores gobierno Universidad Nacional Tecnológica Concepción del Uruguay, ER (1990)
Licenciatura Técnico en Microinformática en ComStar CABA, BA (2001)
Economía en Universidad Nacional de Luján, Campana, BA (2001)
Proyectos para Líderes Instituto Capacitare y Diseño de estrategias de comunicación Campana,BA (2011)
Sus publicaciones:
Pedazos de fortaleza · Autor: Beatriz Valerio · Ilustrador: Angélica Beatriz Martinez · Editorial: Martinez Ediciones · 978-987-29083-2-0 · Año: 2.016 ·

Confidencias Intimas · Autor: Beatriz Valerio · Ilustrador: Angélica Beatriz Martinez · Editorial: Martinez Ediciones · 978-987-29083-2-8 · Año: 2.016 ·
El vendedor de globos · Autor: Beatriz Valerio · Ilustrador: Angélica Beatriz Martinez · Editorial: Martinez Ediciones · 978-987-29083-2-7 · Año: 2.016 ·
Run run · Autor: Beatriz Valerio · Ilustrador: Angélica Beatriz Martinez · Editorial: Martinez Ediciones · 978-987-29083-2-5 · Año: 2.015 ·
Ojos de Río · Autor: Beatriz Valerio · Ilustrador: Angélica Beatriz Martinez · Editorial: Martinez Ediciones · · ISBN 978-987-29083-2-4 · Año: 2.014 ·
Cascada de versos · Autor: Beatriz Valerio · Ilustrador: Angélica Beatriz Martinez · Editorial: Martinez Ediciones ISBN978-987-29083-2-4 · Año: 2.014 ·
Extasis de Sílabas · Autor: Beatriz Valerio · Ilustrador: Angélica Beatriz Martinez · Editorial: Martinez Ediciones · ISBN: 978-987-29083-0-2 · Año: 2.013 ·
Abuelo · Autor: Beatriz Valerio · Ilustrador: Angélica Beatriz Martinez · Editorial: Martinez Ediciones · ISBN: 978-987-29083-0-4 · Año: 2.013 ·
El oso ecológico · Autor: Beatriz Valerio · Ilustrador: Angélica Beatriz Martinez · Editorial: Martinez Ediciones · ISBN: 978-987-29083-0-3 · Año: 2.013 ·
Bonsai · Autor: Beatriz Valerio · Ilustrador: Angélica Beatriz Martinez · Editorial: Martinez Ediciones · ISBN: 978-987-29083-0-2 · Año: 2.015 ·
Barah · Autor: Beatriz Valerio · Ilustrador: Angélica Beatriz Martinez · Editorial: Martinez Ediciones · ISBN: 978-987-29083-0-1 · Año: 2.013 ·
Abrazo de madre · Autor: Beatriz Valerio · Ilustrador: Angélica Beatriz Martinez · Editorial: Tahiel Ediciones · ISBN: 978-987-29083-0-0 · Año: 2.013 ·
Efluvios del alma · Autor: Beatriz Valerio · Ilustrador: Angélica Beatriz Martinez · Editorial: Tahiel Ediciones · ISBN: 978-987-287-17-5-8 · Año: 2.012 ·

Cuentos para Miguel · Autor: Beatriz Valerio · Ilustrador: Angélica Beatriz Martinez · Editorial: Edición Pasión de Escritores · ISBN: 978-987-05-9461-1 · Año: 2.012 ·
Pluma de Paz · Autor: Beatriz Valerio · Ilustrador: Angélica Beatriz Martinez · Editorial: Edición Pasión de Escritores · ISBN: 978-987-05-9220-4 · Año: 2.012 ·
Empacho de amor · Autor: Beatriz Valerio · Ilustrador: Angélica Beatriz Martinez · Editorial: Edición Pasión de Escritores · ISBN: 978-987-33-0845-1 · Año: 2.011 ·
Caricias · Autor: Beatriz Valerio · Ilustrador: Angélica Beatriz Martinez · Editorial: Edición Pasión de Escritores · ISBN: 978-987-33-0089-9 · Año: 2.011 ·
Alma de poeta, corazón de mujer · Autor: Beatriz Valerio · Ilustrador: Angélica Beatriz Martinez · Editorial: Edición del autor · ISBN: 987-05-0945-2 · Año: 2.008 ·
Soñando versos con ilusiones de poeta · Autor: Beatriz Valerio · Ilustrador: Angélica Beatriz Martinez · Editorial: Edición Boedo · ISBN: 978-987-05-0688-1 · Año: 2.005 ·
De tal palo tal astilla · Autor: Beatriz Valerio · Ilustrador: Angélica Beatriz Martinez · Editorial: Edición del autor · ISBN: 987-43-9102-2 · Año: 2.005 ·
Manual de Reiki I y II· Autor: Beatriz Valerio · Ilustrador: Angélica Beatriz Martinez · Editorial: Edición del autor · ISBN: 987-43-9102-2 40 · Año: 2.005 ·
Otras actividades:
2009 Ponencia de Voces en los modos de expresión, Ensayo y Poesía en Congreso de Literatura "Hacia el bicentenario: dos siglos de mujeres en las letras" en la sede del Museo Roca.
2010-2015 Colabora ad-honorem en la Biblioteca Pública Municipal "Dr. Octavio R. Amadeo" en su Programa de Extensión Bibliotecaria.

2013 Coordinó Taller de Literatura Infantil y Juvenil en la Biblioteca pública municipal Dr. Octavio Amadeo con el acompañamiento de C.A.L. y A.A.L.I.J.
2015 Fue Congresal del 9° Congreso Argentino de Escritores celebrado en Córdoba. Histórica convocatoria e importantes proyectos de trabajo mancomunado.
2015 Ponencia Dos ríos una mujer en Jornadas Linguisticas, La Quiaca, Jujuy.
2016 Reconocimiento en el III Encuentro Escritores denominado "FIAMBALÁ, UN PUENTE A LAS LETRAS", ordenanza municipal que destaca su participación.
2016 Organizadora 1° ENCUENTRO INTERNACIONAL DE ESCRITORES "CIUDAD DE CAMPANA" ARGENTINA 24 y 25 de setiembre de 2016.
2016 Ponencia sobre LITERATURA INFANTIL JUVENIL, El abrigo de la lectura compartida, estudio de investigación literatura juvenil.
Premios y reconocimientos
2006 Ha ganado el primer premio de autores profesionales francófonos de Cercle Lire -Prix 2006- auspiciado por la Embajada de Francia, la Embajada de Canadá y el Ministerio de relaciones internacionales de Québec sobre la obra de Julio Verne.
2009 Mujer destacada por el Instituto Biográfico Americano.
Recibe la "2012 Gold Medal Argentina" del Instituto Biográfico Americano, Estados Unidos, premio por su aporte a la literatura argentina.
2016 Recibe la orden de la Manzana otorgada por la Red de los Poetas que dirige la Dra. Marta Prono.
2016 Reconocimiento de Campana Amanecer Literario por su organización del 1° ENCUENTRO INTERNACIONAL DE ESCRITORES "CIUDAD DE CAMPANA" ARGENTINA 24 y 25 de setiembre de 2016.

2016 Recibe la réplica de la Bandera de las Letras declarada de Interés cultural por el municipio de Chascomús entregada por Eva Lucero de Ortega por su dedicación a las letras argentinas.
2016 Recibe como premio especial, el trofeo la Página de Plata de SADE entregada por SADE Mercedes por su trabajo, conducta y obras literarias.
2017 Premio Platino por labor personal e institucional otorgado por la AGENCIA INTERNACIONAL URUGUAYA DE NOTICIAS, Montevideo, Uruguay.
2017 Medalla de Oro otorgada por labor literaria lengua portuguesa por el Museo Posmoderno de Educación de Río de Janeiro, Brasil.
Nominaciones:
---Resolución 36/67 del 30 de noviembre de 1981 // Resolución 55/282 del 7 de septiembre de 2001 // Declaración sobre una Cultura de Paz de 1999
-Union Internationale des Ecrivains pour la Paix (UNIEP) ---Nomination 2006
-IFLAC International Forum For The Literature And Culture Of Peace ---Nominación 2008 (Plan CEPA 2009, Miembro Honorario de IFLAC Argentina) (Febrero 2009 Jurado del concurso infantil Paz)
-Cercle Universel des Ambassadeurs de la Paix - Suisse/France ---Nominación 2012 (acompañó la presentación de su libro PLUMA DE PAZ, edición 2012)
-WWPO Worldwide Peace Organization ---Nominación 2016

Del Alma Editores

©2017

www.ingramcontent.com/pod-product-compliance
Lightning Source LLC
LaVergne TN
LVHW051709080426
835511LV00017B/2807